Impressum
Verlag: BABADADA GmbH, Nedderfeld 112 , 22529 Hamburg
Geschäftsführer / Verlagsleitung: Harald Hof
Druck: Books on Demand GmbH, In de Tarpen 42, 22848 Norderstedt

Imprint
Publisher: BABADADA GmbH, Nedderfeld 112 , 22529 Hamburg, Germany
Managing Director / Publishing direction: Harald Hof
Print: Books on Demand GmbH, In de Tarpen 42, 22848 Norderstedt

мактаб

shule

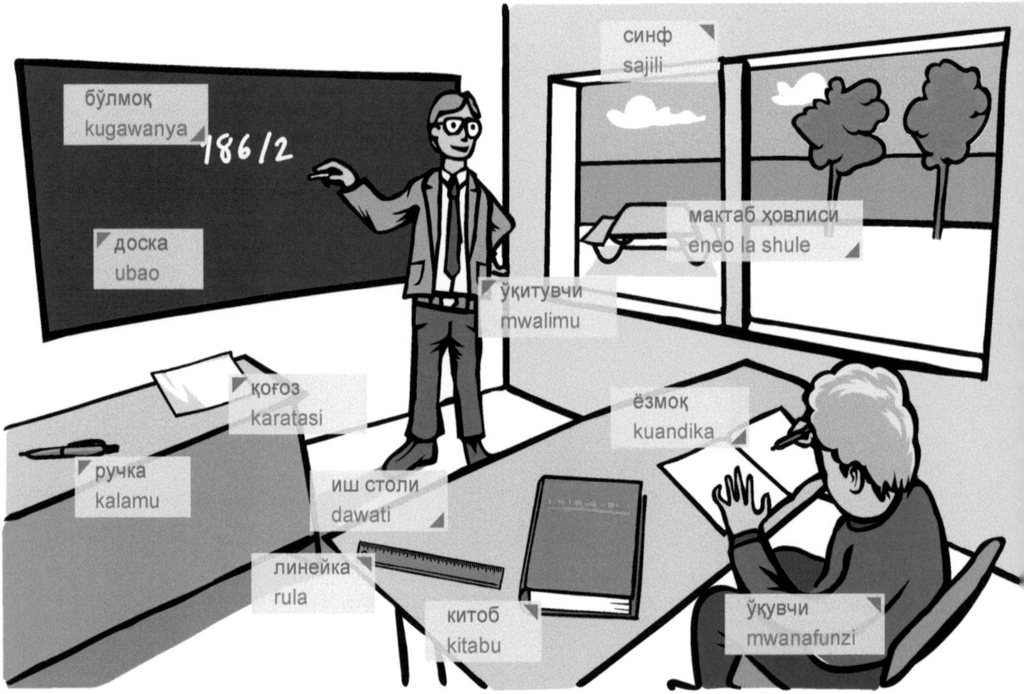

синф
sajili
бўлмоқ
kugawanya
186/2
доска
ubao
мактаб ҳовлиси
eneo la shule
ўқитувчи
mwalimu
қоғоз
karatasi
ёзмоқ
kuandika
ручка
kalamu
иш столи
dawati
линейка
rula
китоб
kitabu
ўқувчи
mwanafunzi

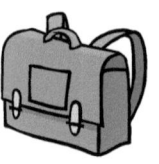

осма сумка

mkoba

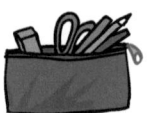

қаламдон

kikasha cha penseli

қалам

penseli

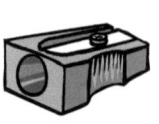

қалам учлагич

kichonga penseli

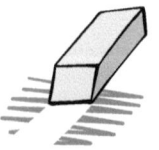

ўчиргич

mpira

расм албоми

pedi ya kuchora

чизмачилик

uchoraji

бўёқ чўтка

brashi ya rangi

бўёқдон

sanduku la rangi

қайчи

mkasi

елим

gundi

машғулот дафтари

daftari

уй иши

kazi ya nyumbani

рақам

nambari

қўшмоқ

jumlisha

айирмоқ

ondoa

кўпайтирмоқ

zidisha

ҳисобламоқ

kokotoa

хат

barua

алифбо

alfabeti

сўз

neno

матн

maandishi

ўқимоқ

kusoma

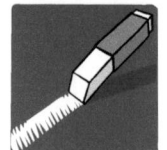

бўр

chaki

дарс

somo

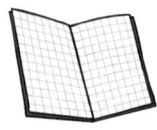

журнал

sajili

имтиҳон

uchunguzi

гувоҳнома

cheti

мактаб формаси

sare za shule

таълим

elimu

қомус

elezo

олийгоҳ

chuo kikuu

микроскоп

darubini

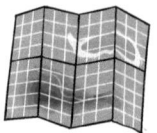

харита

ramani

урна

kikapu cha kuweka karatasi chafu

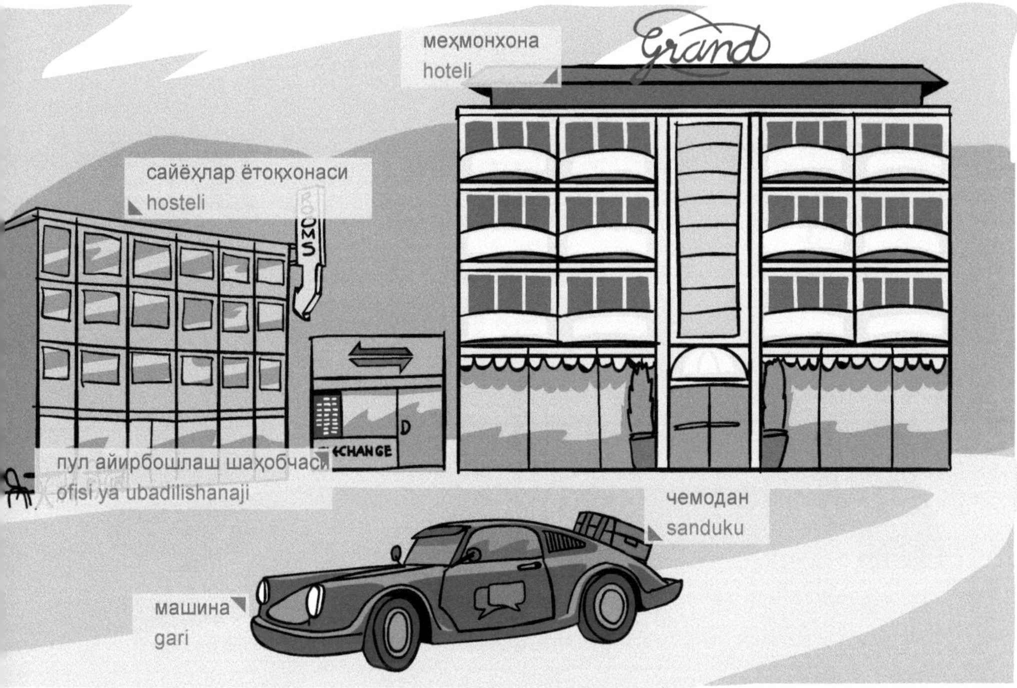

меҳмонхона
hoteli
Grand
сайёҳлар ётоқхонаси
hosteli
ROOMS
пул айирбошлаш шаҳобчаси
ofisi ya ubadilishanaji
чемодан
sanduku
машина
gari

тил

lugha

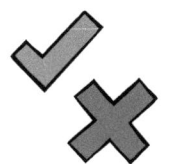

ҳа / йўқ

ndiyo / la

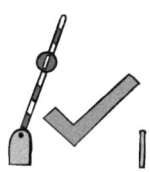

Хўп

sawa

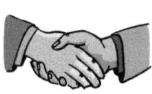

салом

hujambo

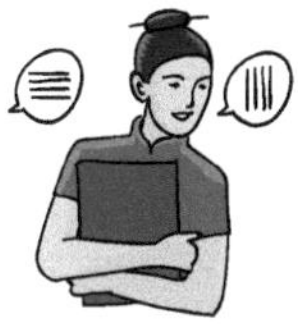

таржимон

mtafsiri

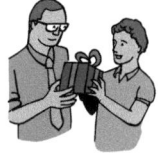

Раҳмат

Asante

неча пул...?
kiasi gani ni ...?

Тушунмадим
Sielewi

муаммо
tatizo

Хайрли кеч!
Jioni njema!

Хайрли тонг!
Habari za asubuhi!

Хайрли тун!
Usiku mwema!

кўришгунча
kwa heri

йўналиш
mwelekeo

йўловчи юки
mizigo

сафархалта
mfuko

юк халта
shanta

меҳмон
mgeni

хона
chumba

уйқуқоп
begi la kulalia

чодир
hema

саёҳларга маълумот
бериш столи

taarifa ya utalii

пляж

ufuo

омонат карта

kadi

нонушта

kifunguakinywa

нонушта

chakula cha mchana

кечки овқат

chakula cha jioni

чипта

tiketi

лифт

kuinua

марка

muhuri

чегара

mpaka

божхона

mila

элчихона

ubalozi

виза

visa

паспорт

pasipoti

транспорт
usafiri

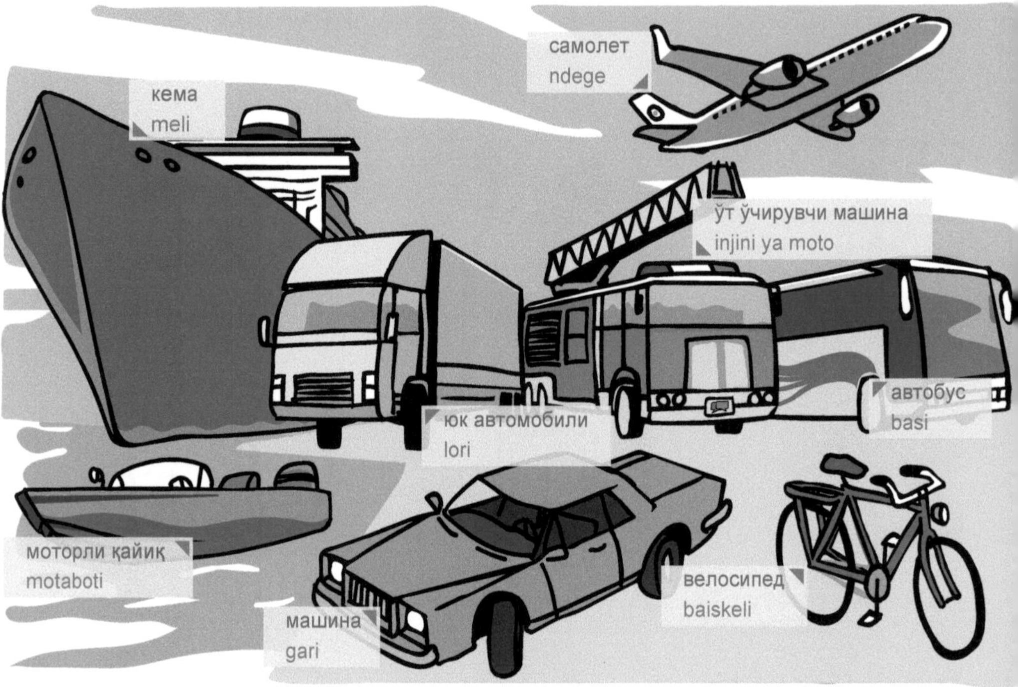

самолет
ndege
кема
meli
ўт ўчирувчи машина
injini ya moto
автобус
basi
юк автомобили
lori
моторли қайиқ
motaboti
велосипед
baiskeli
машина
gari

солсимон ясси кема

feri

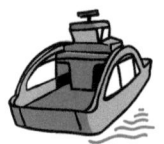

қайиқ

mashua

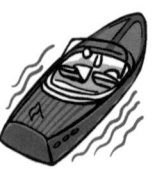

мотоцикл

pikipiki

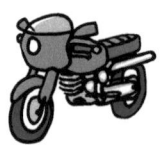

посбон машинаси

gari la polisi

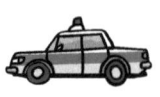

пойга машинаси

gari la mashindano

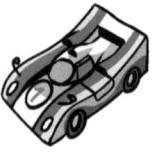

ижарага олинган автоулов

gari la kukodisha

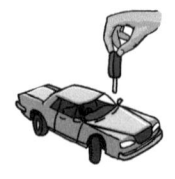

автоижара

kushiriki gari

шатакка олувчи юк автомобили

lori la kuvuta

ахлат машинаси

ukusanyaji taka

мотор

motor

ёқилғи

mafuta

ёқилғи қуйиш шаҳобчаси

kituo cha mafuta

йўл белгиси

ishara trafiki

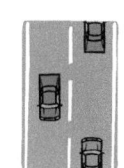

йўл ҳаракати

trafiki

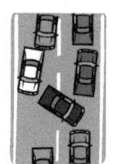

тирбанд

msongamano

автомобил тўхтаб туриш жойи

maegesho

поезд бекати

kituo cha treni

рельс

reli

поезд

garimoshi

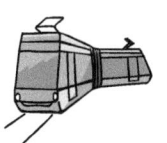

трамвай

tremu

вагон

gari la mizigo

вертолёт
helikopta

аэропорт
uwanja wa ndege

минора
mnara

йўловчи
abiria

контейнер
chombo

қоғоз қути
katoni

аравача
mkokoteni

сават
kikapu

учмоқ / қўнмоқ
ondoka

шаҳар

jiji

қишлоқ
kijiji

шаҳар маркази
katikati ya jiji

уй
nyumba

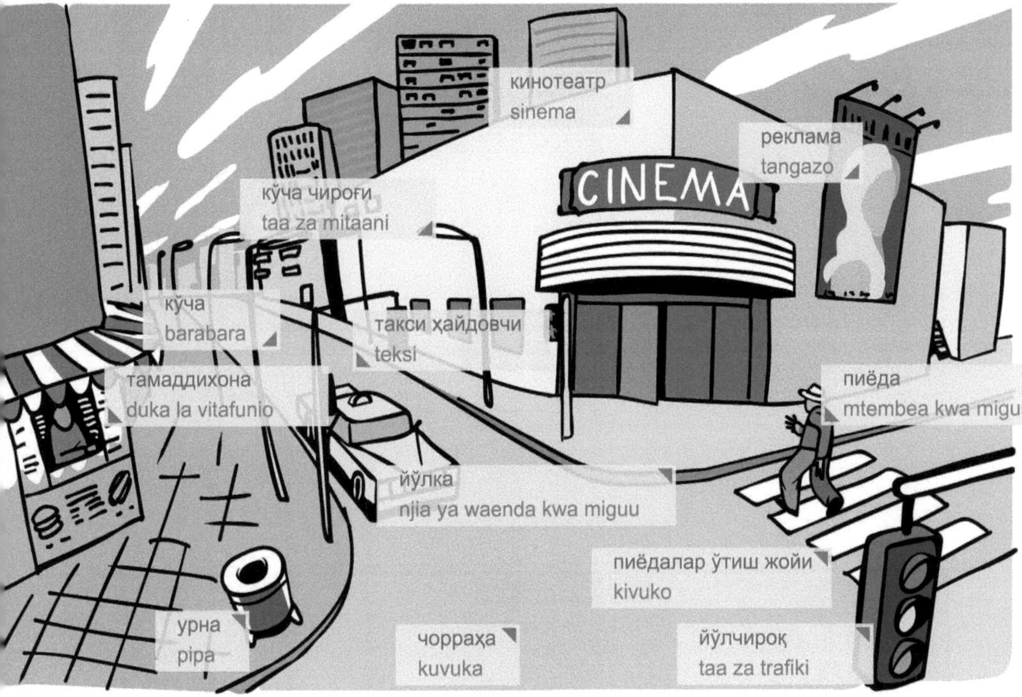

кинотеатр
sinema

реклама
tangazo

кўча чироғи
taa za mitaani

CINEMA

кўча
barabara

такси ҳайдовчи
teksi

пиёда
mtembea kwa miguu

тамаддихона
duka la vitafunio

йўлка
njia ya waenda kwa miguu

пиёдалар ўтиш жойи
kivuko

урна
pipa

чорраҳа
kuvuka

йўлчироқ
taa za trafiki

кулба
kibanda

квартира
gorofa

поезд бекати
kituo cha treni

маҳаллий ҳокимият
биноси
ukumbi wa mji

музей
Makavazi

мактаб
shule

олийгоҳ

chuo kikuu

банк

benki

шифохона

hospitali

меҳмонхона

hoteli

дорихона

duka la dawa

идора

ofisi

китоб дӯкони

duka la kitabu

дӯкон

duka

гул дӯкони

duka la maua

супермаркет

dukakuu

бозор

soko

универмаг

idara ya kuhifadhi

балиқ дӯкони

mwuza samaki

савдо маркази

kituo cha ununuzi

бандаргоҳ

bandari

истироҳат боғи

Hifadhi

банк

benki

кўприк

daraja

зинапоя

vidato

метро

chini ya ardhi

ер ости йўли

handaki

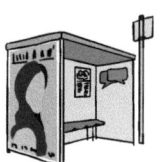

автобус бекати

kituo cha mabasi

бар

bar

ресторан

mgahawa

почта қутиси

sanduku la posta

кўча ёзув осма тахтаси

ishara ya barabara

тўхтаб туриш вақтини ҳисоблагич

mita ya maegesho

ҳайвонот боғи

bustani ya wanyama

бассейн

kidimbwi cha kuogelea

масжид

msikiti

чорвачилик хўжалиги

shamba

атроф-муҳит
ифлосланиши
uchafuzi

қабристон

makaburini

ибодатхона

kanisa

болалар ўйингоҳи

uwanja wa michezo

эхром

hekalu

манзара
mazingira

япроқ
jani

йўлкўрсатгич
ishara ya mwelekeo

йўл
njia

ўтлоқ
malisho

тош
jiwe

дарахт
mti

пиёда сайёҳ
mtembeaji wa masafa

дарё
mto

майса
nyasi

гул
ua

водий
bonde

қир
kilima

кўл
ziwa

ўрмон
msitu

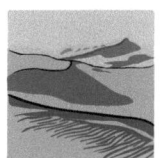

чўл
jangwa

вулкан
volkano

қалъа
ngome

камалак
upinde wa mvua

қўзиқорин
uyoga

пальма дарахти
mtende

пашша
mbu

чивин
kuruka

чумоли
chungu

асалари
nyuki

ўргимчак
buibui

қўнғиз

mende

қурбақа

chura

олмахон

kuchakuro

типратикон

nungunungu

қуён

sungura

укки

bundi

қуш

ndege

оққуш

swan

эркак чўчқа

nguruwe mwitu

буғу

kulungu

бутоқ шоҳли кийик

aina ya kongoni

тўғон

bwawa

шамол генератори

tabo ya upepo

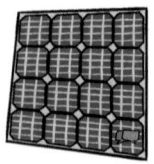

қуёш батареяси

nishaji ya jua

иқлим

hali ya hewa

ресторан
mgahawa

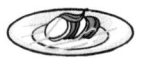

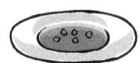

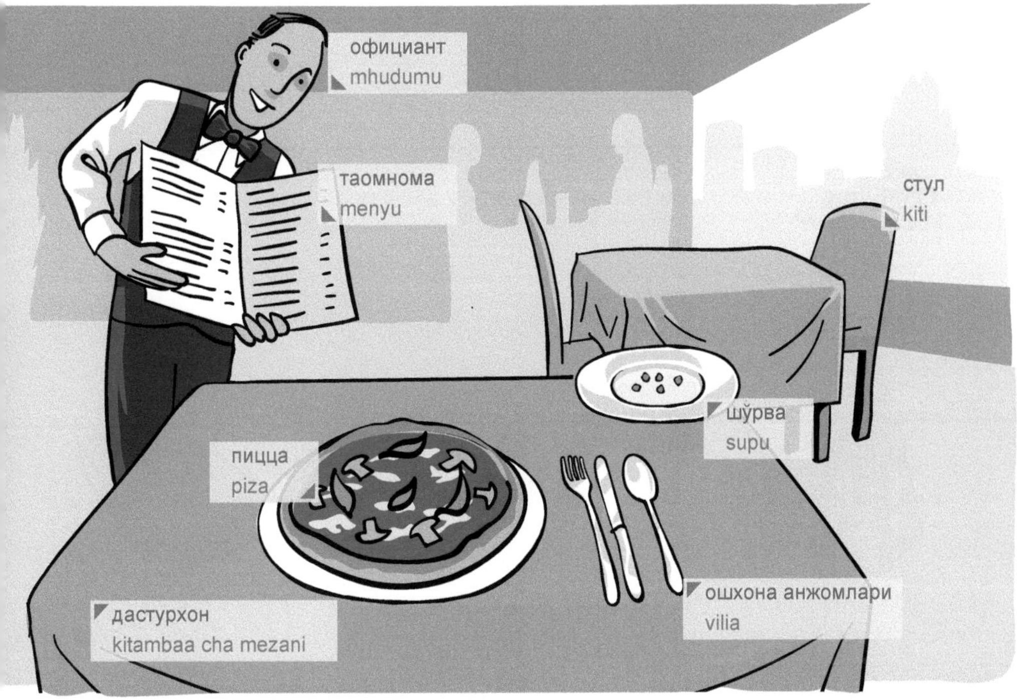

официант
mhudumu
таомнома
menyu
стул
kiti
шўрва
supu
пицца
piza
ошхона анжомлари
vilia
дастурхон
kitambaa cha mezani

газак

kiamsha hamu

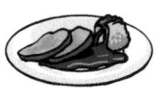

асосий таом

kozi kuu

десерт

kitindamlo

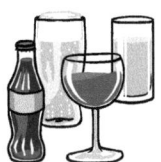

ичимликлар

vinywaji

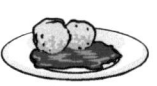

таом

chakula

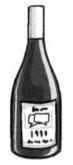

бутилка

chupa

тез пишар таом

chakula cha haraka

кўча таоми

Streetfood

чойнак

buli

шакардон

kisanduku cha sukari

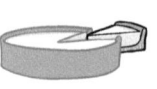

порция

sehemu

эспрессо кофе машинаси

mashine ya espresso

болалар курсичаси

kiti kirefu

ҳисоб

muswada

лаган

trei

пичоқ

kisu

санчқи

uma

қошиқ

kijiko

чой қошиқ

kijiko cha chai

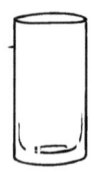

кўл сочиқ

nepi

стакан

glasi

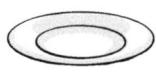

ликоп

sahani

шӯрва коса

sahani ya supu

тақсимча

sufuria

қайла

mchuzi

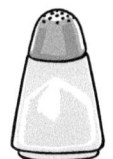

туздон

kichanyaji chumvi

қалампир янчгич

kinu cha pilipili

сирка

siki

ёғ

mafuta

зираворлар

viungo

кетчуп

kechapu

хантал

haradali

майонез

kachumbari nzito

супермаркет
dukakuu

чегирма
ofa maalum
FOR
мижоз
mteja
сут маҳсулотлари
maziwa
мева
matunda
харид араваси
toroli

BUTCHERS

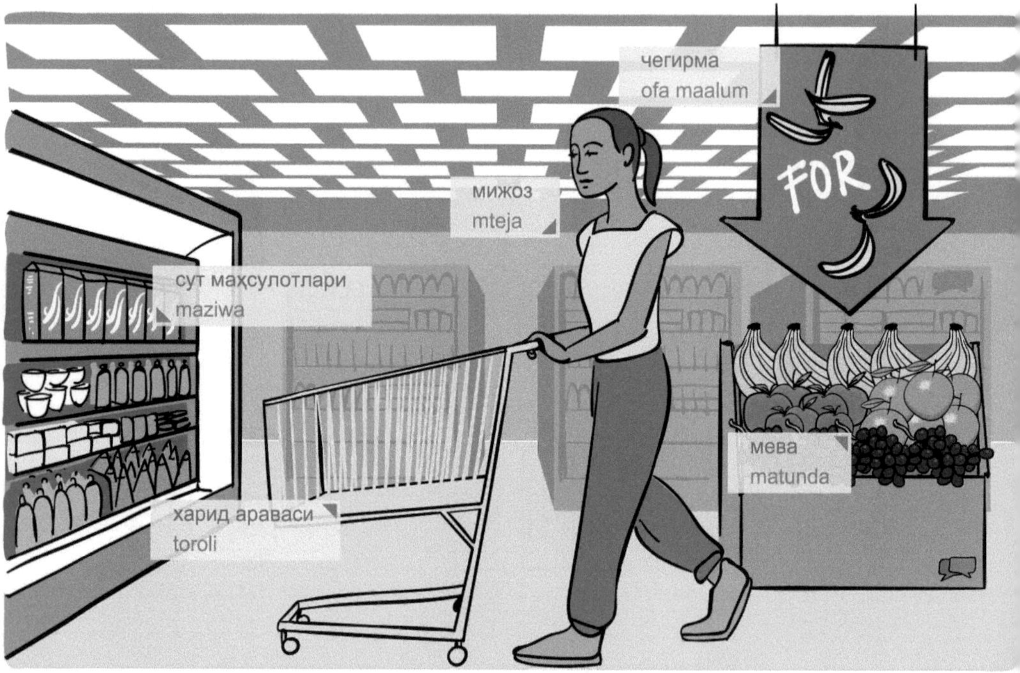

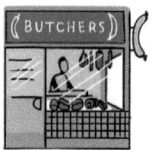

қассобхона

mchinjaji

BAKERY

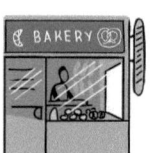

нонвойхона

mwokaji

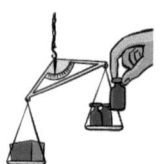

тарозида ўлчамоқ

uzito

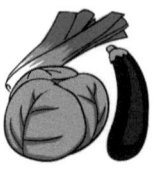

сабзавот

mboga

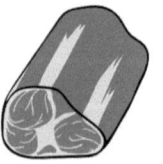

гўшт

nyama

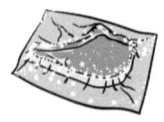

музлатилган таомлар

chakula waliohifadhiwa

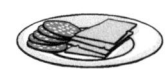

яхна гўшт

vipande vya nyama baridi

консерва

chakula cha kopo

кир ювиш воситаси

sabuni ya unga

ширинликлар

pipi

кундалик истеъмол моллар

bidhaa za kaya

ювиш воситалари

bidhaa za kusafisha

сотувчи

mtu mauzo

касса аппарати

mpaka

ғазначи

keshia

харид рўйхати

orodha ya manunuzi

иш вақти

masaa ya ufunguzi

ҳамён

mkoba

омонат карта

kadi

халта

mfuko

целлофан халта

mfuko wa plastiki

сув

maji

шарбат

sharubati

сут

maziwa

кока-кола

coke

вино

mvinyo

пиво

bia

спиртли ичимлик

pombe

какао

kakao

чой

chai

кофе

kahawa

эспрессо

spreso

капучино

kapuchino

банан

ndizi

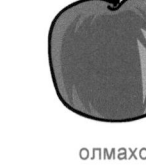

олмахон

tufaha

апельсин

machungwa

қовун

tikiti

лимон

lemon

сабзи

karoti

саримсоқ

kitunguu saumu

бамбук

mianzi

пиёз

kitunguu

қўзиқорин

uyoga

ёнғоқ

karanga

лағмон

nudo

спагетти

spageti

гуруч

mpunga

салат

saladi

картошка-фри

vibanzi

қовурилган картошка

viazi vya kukaanga

пицца

piza

гамбургер

hambaga

сэндвич

sandwichi

тўқмоқланган тўш қиймаси

kipande

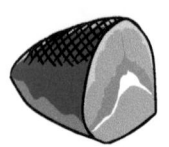

дудланган чўчқа гўшти

paja la mnyama

салями колбасаси

salami

сосиска

soseji

товуқ гўшти

kuku

қовурилган

choma

балиқ

samaki

сули бӯтқаси

oats ya uji

мюсли

muesli

маккажӯхори ёрмаси

cornflakes

ун

unga

француз булочкаси

kroisanti

булочка

andazi

нон

mkate

қизартирилган нон бӯлаги

mkate wa kubanika

пиширик

biskuti

сариёғ

siagi

творог

maziwa mgando

пирог

keki

тухум

yai

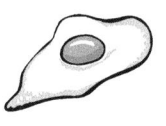

қовурилган тухум

yai kukaanga

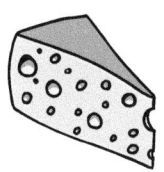

пишлоқ

jibini

музқаймоқ

aiskrimu

шакар

sukari

асал

asali

мураббо

jemu

шоколад пастаси

kuenea kwa chokoleti

зарчава

mchuzi wa viungo

чорвачилик хўжалиги

shamba

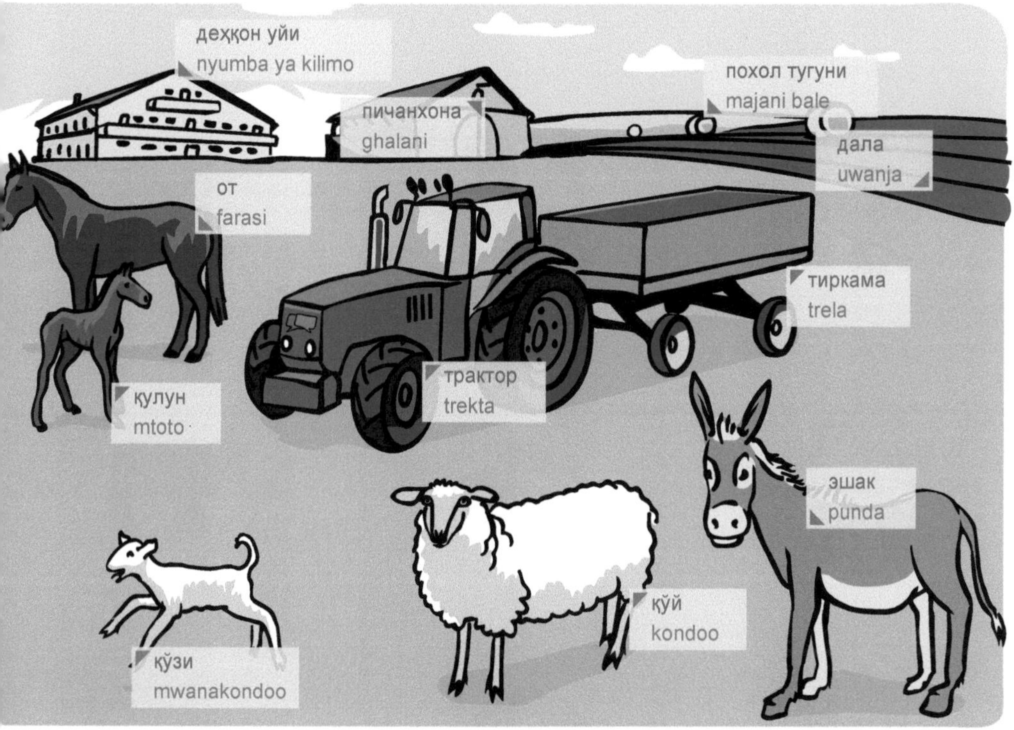

деҳқон уйи
nyumba ya kilimo
пичанхона
ghalani
похол тугуни
majani bale
дала
uwanja
от
farasi
тиркама
trela
трактор
trekta
қулун
mtoto
эшак
punda
қўй
kondoo
қўзи
mwanakondoo

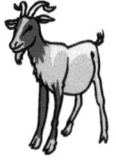

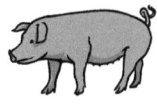

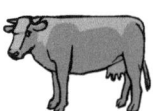

эчки

mbuzi

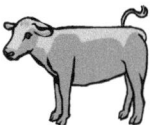

сигир

ng'ombe

бузоқ

ndama

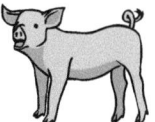

чўчқа

nguruwe

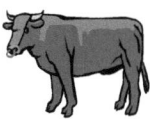

чўчқа боласи

mwananguruwe

буқа

fahali

ғоз

batabukini

ўрдак

bata

жўжа

kifaranga

товуқ

kuku

хўроз

jogoo

каламуш

panya

мушук

paka

сичқон

panya

ҳўкиз

ng'ombe

ит

mbwa

каталак

nyumba ya mbwa

ҳовли боғ шланги

bomba la bustani

гулчелак

debe la kumwagilia maji

белўроқ

fyekeo

темир омоч

kulima

қӯлӯроқ

mundu

чопқи

jembe

паншаха

uma wa nyasi

болта

shoka

ғалтакарава

toroli

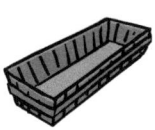

охур

kupitia nyimbo

сут бидони

chombo cha maziwa

тӯрва

gunia

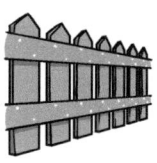

панжара

ua

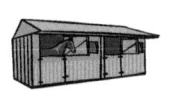

оғилхона

imara

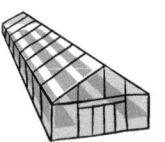

иссиқхона

chafu

тупроқ

udongo

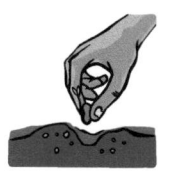

уруғ

mbegu

ӯғит

mbolea

комбайн

kivunaji

ҳосил олмоқ

mavuno

йиғим-терим

mavuno

ямс

viazi vikuu

буғдой

ngano

соя

soya

картошка

viazi

маккажўхори

mahindi

рапс уруғи

rapa

мевали дарахт

mti wa matunda

маниок

muhogo

ёрма

nafaka

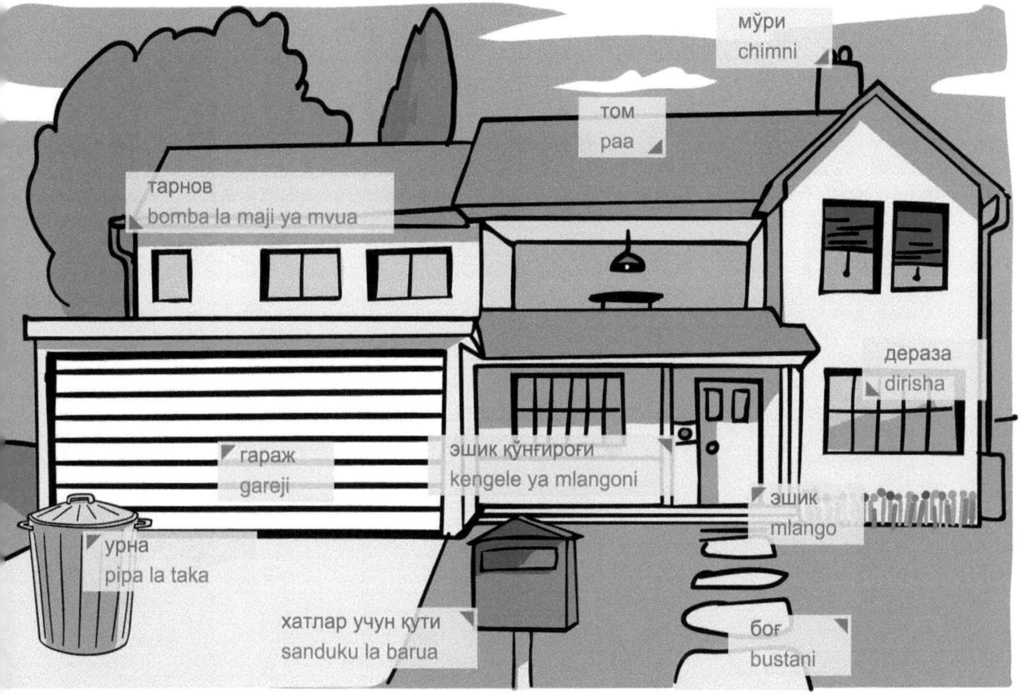

мӯри
chimni

том
paa

тарнов
bomba la maji ya mvua

дераза
dirisha

гараж
gareji

эшик қӯнғироғи
kengele ya mlangoni

эшик
mlango

урна
pipa la taka

хатлар учун қути
sanduku la barua

боғ
bustani

мeҳмонхона

sebuleni

ваннахона

bafu

ошхона

jikoni

ётоқхона

chumba cha kulala

болалар хонаси

chumba ya mtoto

ошхона

chumba cha kulia

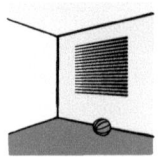

пол

sakafu

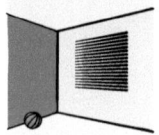

девор

ukuta

шип

dari

подвал

pishi

сауна

sauna

болохона айвони

roshani

айвон

mtaro

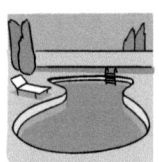

бассейн

kidimbwi

ўт ўргич машина

mashine ya kukata nyasi

кўрпажилд

karatasi

чойшаб

kitambaa cha kupamba
kitanda

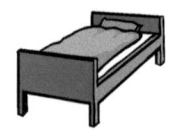

кроват

kitanda

супурги

ufagio

пақир

ndoo

мурват

kubadili

меҳмонхона
sebuleni

гулқоғоз
mandhari
сурат
picha
чироқ
taa
токча
rafu
жавон
kabati
телевизор
televisheni/runinga
ўчоқ
mekoni
гул
ua
ёстиқ
mto
диван
sofa
гулдон
chombo cha maua
масофадан бошқариш пульти
kitenzambali

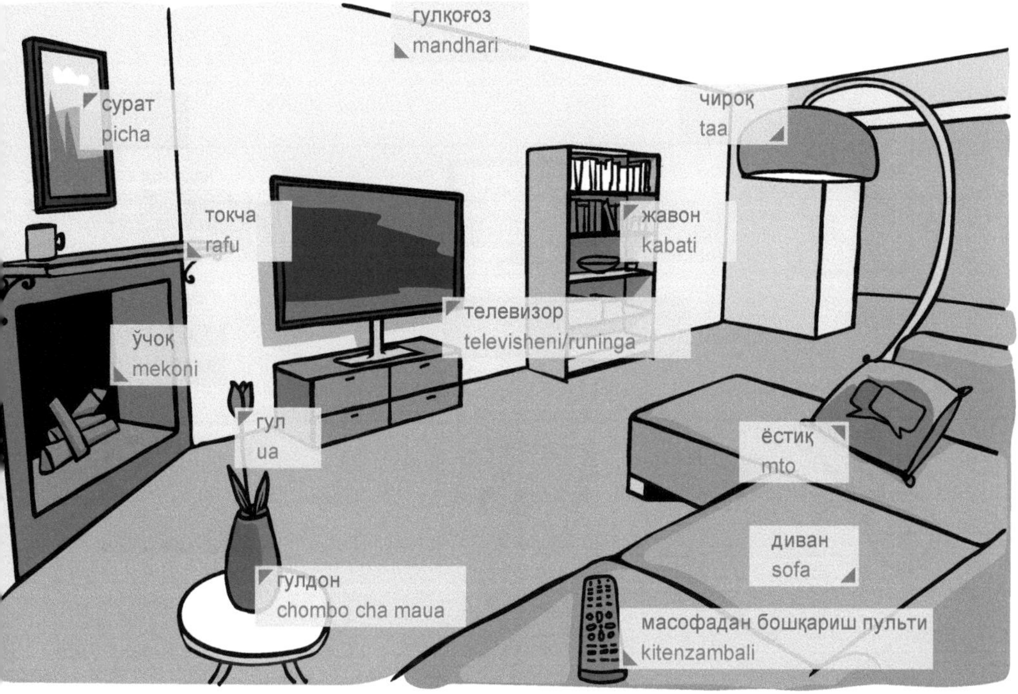

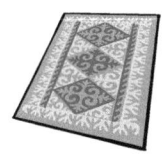

гилам

zulia

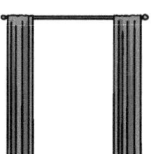

парда

pazia

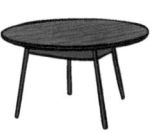

стол

meza

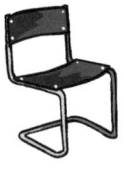

стул

kiti

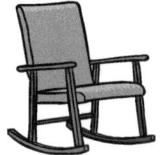

тебранма курси

kiti cha bembea

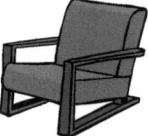

кресло

armchair

китоб

kitabu

кўрпа

blanketi

ҳашам

mapambo

ўтин

kuni

кино

filamu

стерео қурилма

kifaa cha hi-fi

калит

ufunguo

рўзнома

gazeti

расм

uchoraji

плакат

bango

радио

redio

ён дафтар

daftari

чанг ютгич

kifyonza

кактус

dungusi kakati

шам

mshumaa

ошхона
jikoni

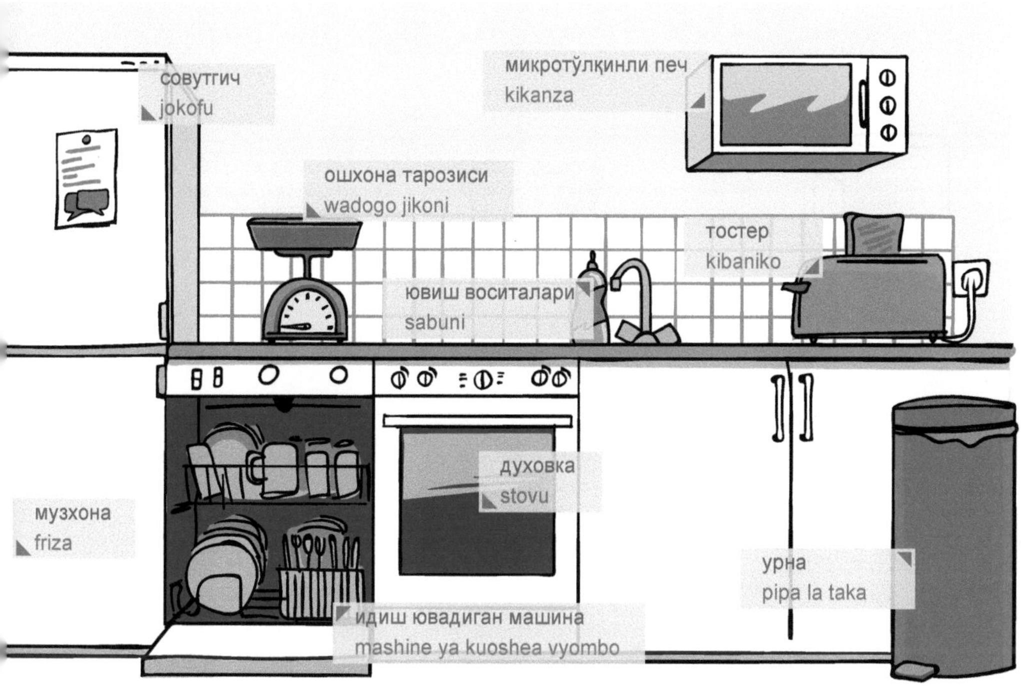

совутгич
jokofu
микротўлқинли печ
kikanza
ошхона тарозиси
wadogo jikoni
тостер
kibaniko
ювиш воситалари
sabuni
духовка
stovu
музхона
friza
урна
pipa la taka
идиш ювадиган машина
mashine ya kuoshea vyombo

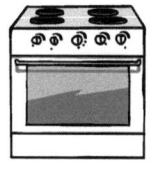

плита
....
jiko la kupika

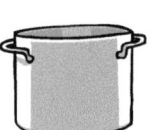

кастрюль
....
chungu

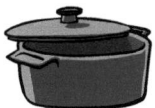

чўян қозон
....
sufuria ya chuma

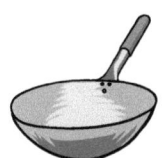

бўртма тубли това
....
wok / kadai

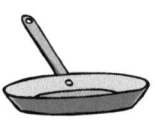

това
....
kaango

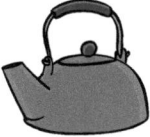

човгун
....
birika

мантиқасқон

stima

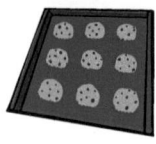

тунука това

sinia ya kuoka

идиш

vyombo vya udongo

кружка

kombe

коса

bakuli

таом ейиш таёқчалари

vijiti vya kulia

чўмич

ukawa

куракча

mwiko mpana

кўпиртиргич

burashi

элак

kichujio

элак

chujio

қирғич

mbuzi

ҳовонча

chokaa

гриль

barbeque

олов

moto wazi

оштахта

ubao wa majaribio

жува

kijiti cha kusukuma unga

пармасимон тиқин очгич

kizibuo

консерва

kopo

консерва очгич

inaweza kopo

тутгич

kishikio cha chungu

унитаз

karo

идиш чўтка

brashi

қозонсочиқ

sifongo

қориштиргич

kisagaji matunda

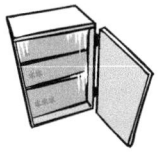

музлатгич

friji ya kina

сўрғичли чақалоқ бутилкаси

chupa ya mtoto

кран

bomba

ваннахона

bafu

иситиш тизими
joto
душ
mfereji wa kuogea
сочиқ
taulo
дарпарда
pazia la kuogea
кўпикли ванна
maji ya kuoga yenye povu
ванна
hodhi
стакан
glasi
кир ювиш машинаси
mashine ya kuosha
кран
bomba
кафель
vigae
тувак
poti
унитаз
karo

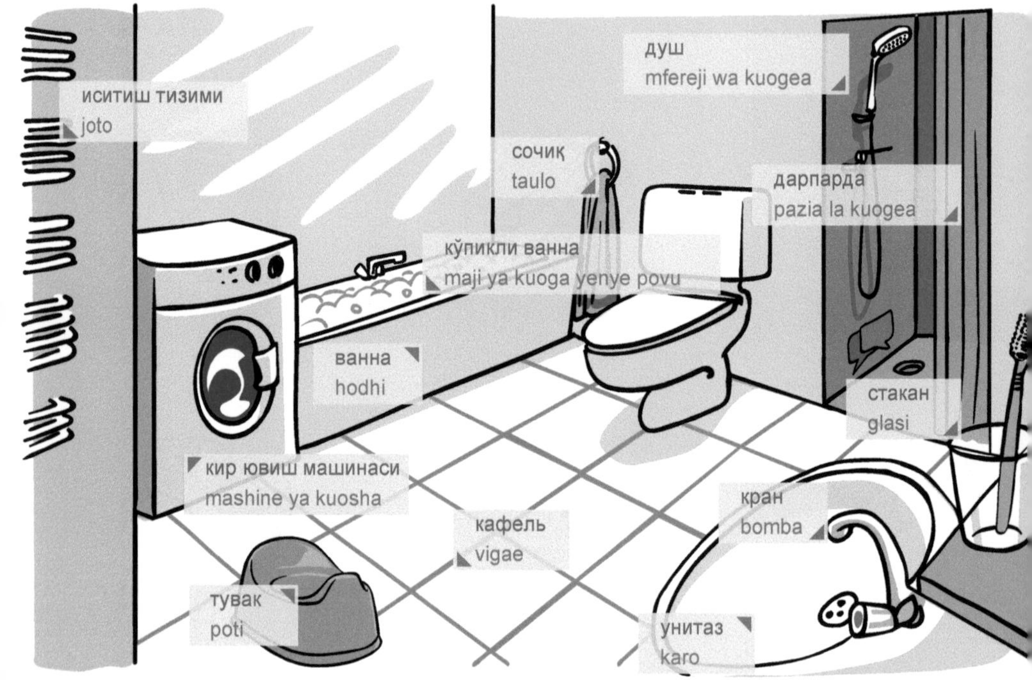

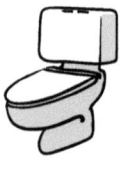

ҳожатхона

choo

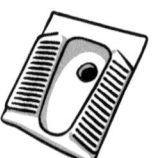

полга ўрнатиладиган унитаз

choo cha squat

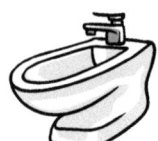

таҳоратдон

beseni la mviringo

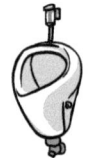

сийдик унитази

choo cha umma

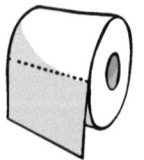

ҳожатхона қоғози

shashi

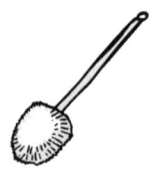

ҳожатхона чўткаси

brashi ya choo

тиш чўтка

mswaki

тиш пастаси

dawa ya meno

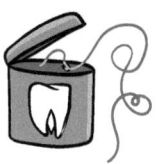

тиш тозалагич ип

dawa ya meno

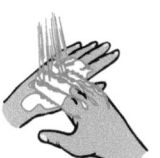

ювмоқ

safisha

дастакли душ

kuoga mkono

таҳорат учун душ

msukumo wa maji

тоғора

bonde

елка қашлайдиган чўтка

mpako wa pili

совун

sabuni

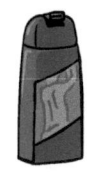

душ учун гель

jeli ya kuogea

шампунь

shampuu

мочалка

flana

қувур

toa maji

крем

krimu

дезодарант

kiondoa harufu

кўзгу

kioo

қўл кўзгуси

kioo mkono

устара

kinyozi

устара учун кўпик

povu la kunyoa

салқинлантирувчи
бальзам
baada ya kunyoa

тароқ

kichana

чўтка

brashi

фен

kikausha nywele

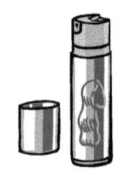

соч учун лак

marashi ya nyewele

пардоз-андоз

vipodozi

лаб учун помада

kidomwa

тирноқ лаки

varnish ya msumari

пахта

pamba

тирноқ қайчиси

mkasi wa kucha

духи

manukato

пардоз-андоз халтаси

mkoba wa kuosha

курси

kinyesi

тарози

mizani

чўмилиш халати

nguo ya kuoga

резина қўлқоп

glavu za mpira

тампон

kisodo

гигиеник таглик

sodo

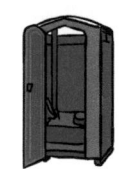

биоҳожатхона

kemikali choo

болалар хонаси

chumba ya mtoto

бонг соат
saa ya kengele
юмшоқ ўйинчоқ
kidoli cha kupakata
ўйинчоқ машина
gari bandia
шақилдоқ
kelele
қўғирчоқ уй
chumba cha midoli
совға
sasa

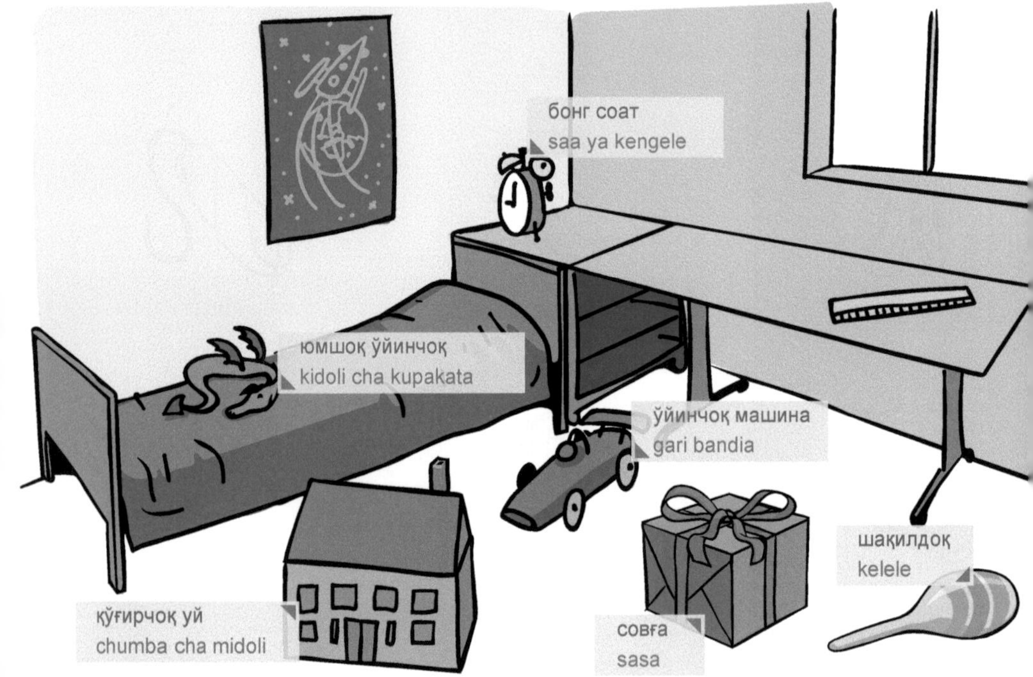

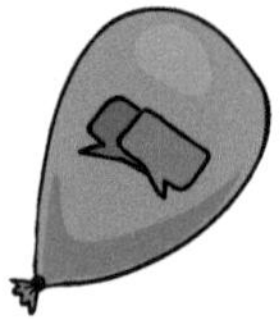

шар

baluni

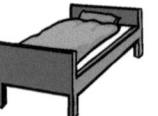

кроват

kitanda

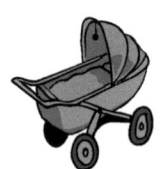

болалар аравачаси

mashua

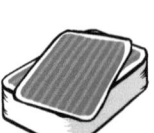

карта тўплами

staha ya kadi

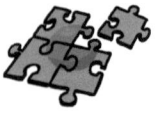

терма тасвир

mchezo-fumb

SUPER MEGA

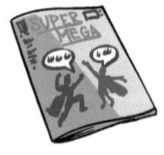

кулгили саҳна асари

vichekesho

лего ғиштлари

matofali lego

ўйинчоқ кубиклар

vitalu mwigo

ўйинчоқ қаҳрамон

hatua takwimu

ползунка

suti ya kulalia

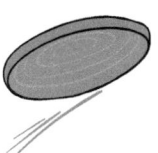

учар ликопча

kisahani

осма шақилдоқ

simu

стол ўйини

ubao wa michezo

ошиқ

kete

поезд макети

garimoshi mwigo

сўрғич

dummy

ўтириш

chama

расмли китоб

picha kitabu

копток

mpira

қўғирчоқ

kikaragosi

ўйнамоқ

kucheza

қумдон

shimo la mchanga

арғимчоқ

bembea

ўйинчоқлар

vitu bandia

ўйин приставкаси

kiweko cha video ya mchezo

уч ғилдиракли велосипед

baiskeli ya magurudumu

matatu

бахмал айиқ

mwanasesere

кийим шкафи

kabati

кийим

nguo

пайпоқ

soksi

чулки

stokingi

колготка

kibano

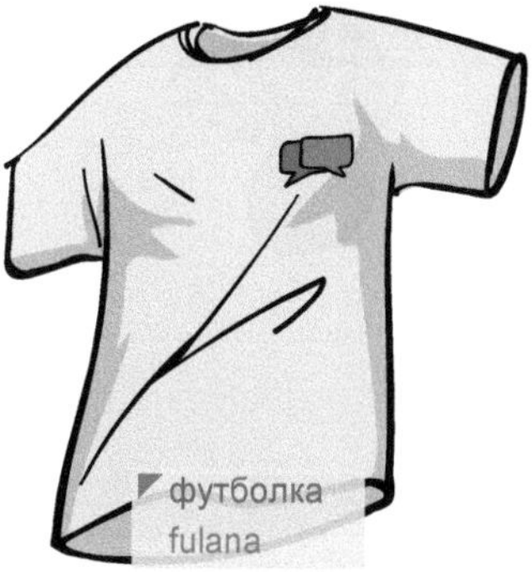

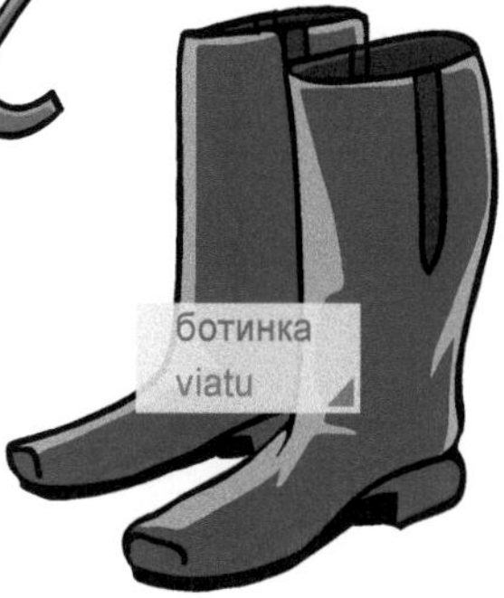

шарф
skafu

камар
ukanda

соябон
mwavuli

футболка
fulana

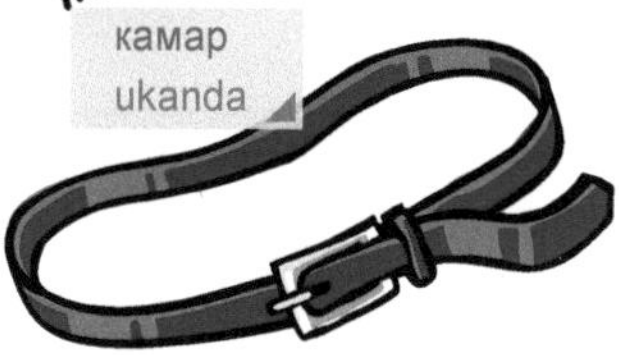

кроссовка
wakufunzi

ботинка
viatu

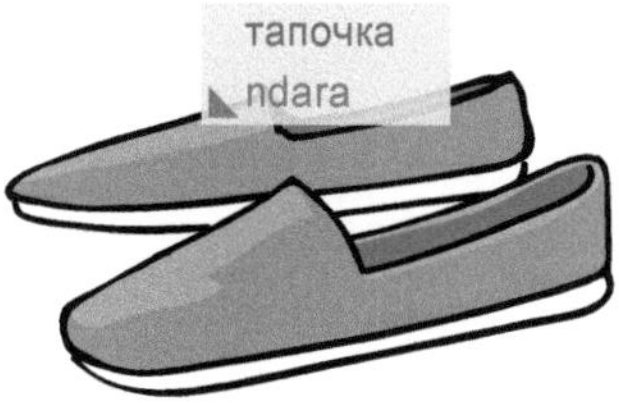

тапочка
ndara

шиппак
....
malapa

туфли
....
viatu

резина этик
....
mabuti ya mpira

тор турсик
....
suruali ya ndani

кўкракпеч
....
sidiria

майка
....
fulana

боди

mwili

иштон

suruali

жинси

dangirizi

юбка

sketi

кофта

blauzi

кўйлак

shati

жемпер

vuta

узун чакмон

sweta

спорт бичимидаги пиджак

bleza

куртка

jaketi

пальто

koti

плаш

koti la mvua

либос

maleba

кўйлак

gauni

келин кўйлак

mavazi ya harusi

костюм шим

suti

тунги кўйлак

vazi la usiku

пижама

pajama

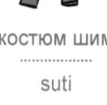

сари

sari

шолрўмол

skafu

салла

kilemba

паранжи

burka

чакмон

kaftan

абая

abaya

чўмилиш костюми

vazi la kuogelea

турсик

vazi la kiume la kuogelea

шортик

kaptura

спорт костюми

teitei

фартук

aproni

кўлқоп

glavu

тугма

kifungo

кўзойнак

glasi

билагузук

bangili

мунчоқ

mkufu

узук

pete

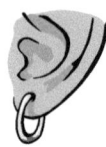

сирға

herini

кепка

kofia

пальто илгак

kiango cha koti

шляпа

kofia

бўйинбоғ

tai

замок

zipu

дубулға

kofia

шим тортгич

kanda za suruali

мактаб формаси

sare za shule

форма

sare

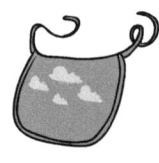

ошхўрак

bibu

сўрғич

dummy

таглик

nepi

идора

ofisi

сервер
seva
қоғоз-ҳужжатлар шкафи
kabati la kuweka faili
принтер
kichapishaji
қоғоз
karatasi
экран
kiwambo
иш столи
dawati
сичқонча
kipanya
папка
folda
клавиатура
kibodi
стул
kiti
u cha kuweka karatasi chafu
компьютер
kompyuta

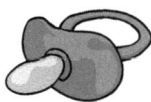

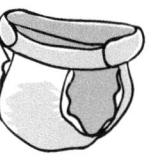

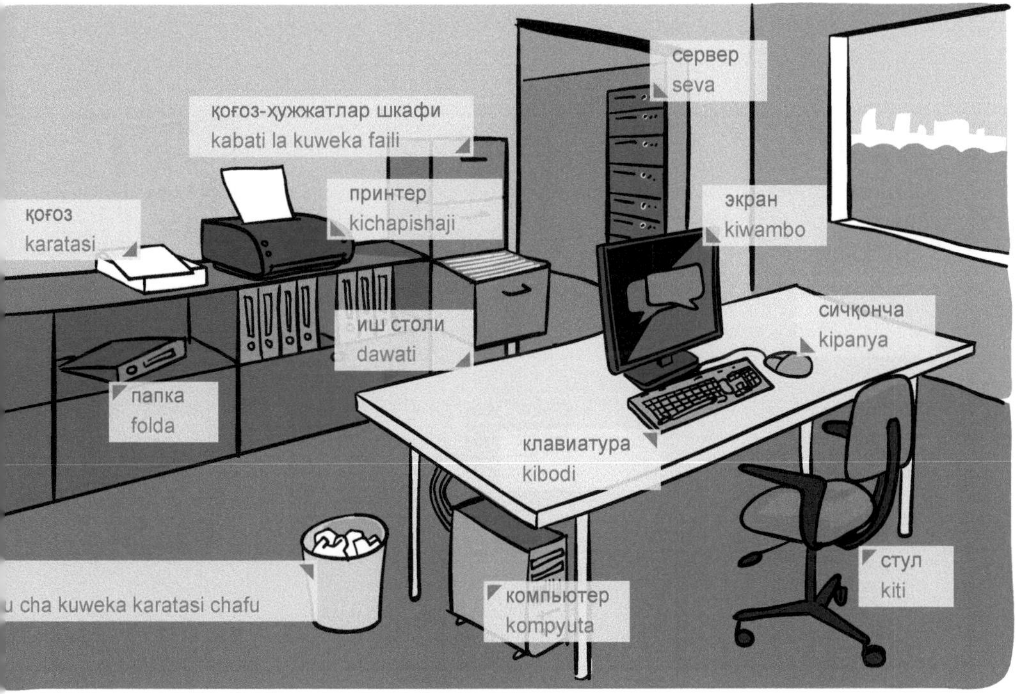

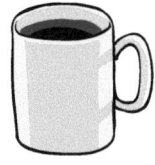

кофе кружкаси

kmobe la kahawa

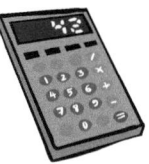

калькулятор

kikokotoo

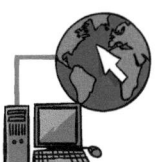

интернет

biashara

ноутбук

mbali

хат

barua

мактуб

ujumbe

уяли телефон

rununu

тармоқ

intaneti

нусха кўчиргич

fotokopia

дастур

programu

телефон

simu

розетка

soketi

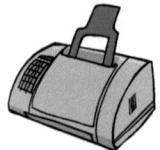

факс

kipepesi

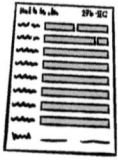

шакллар

fomu

хужжат

hati

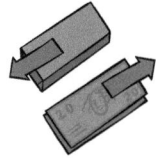

харид қилмоқ

kununua

тўламоқ

kulipa

савдолашмоқ

biashara

пул

fedha

доллар

dola

евро

yuro

йен

yeni

рубль

rouble

швейцар франки

faranga ya Uswisi

Жэньминьби хитой юани

renminbi yuan

рупи

rupia

банкомат

eneo la kulipia

пул айирбошлаш
шахобчаси
ofisi ya ubadilishanaji

олтин
dhahabu

кумуш
fedha

нефт
mafuta

энергия
nishati

нарх
bei

шартнома
mkataba

солиқ
kodi

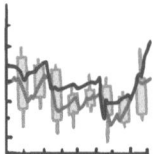

акция
bidhaa

ишламоқ
kazi

ишчи
mfanyakazi

иш берувчи
mwajiri

завод
kiwanda

дўкон
duka

касблар
kazi

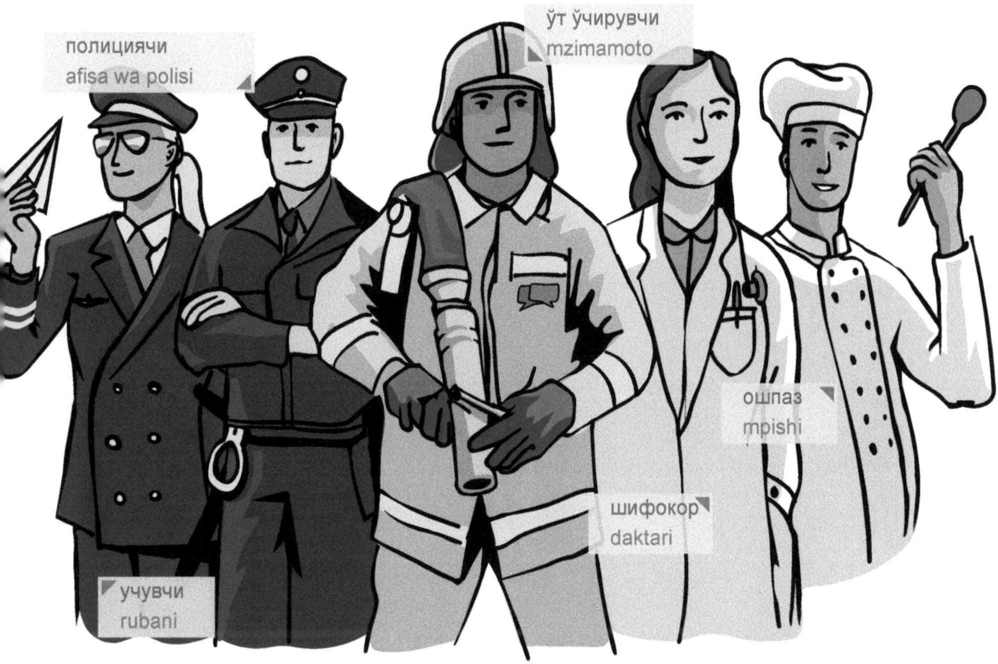
полициячи
afisa wa polisi
ўт ўчирувчи
mzimamoto
ошпаз
mpishi
шифокор
daktari
учувчи
rubani

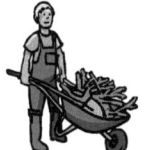

боғбон

mtunza bustani

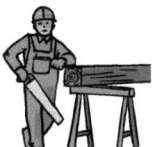

дурадгор

seremala

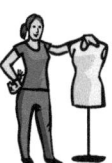

тикувчи

mshonaji

ҳакам

hakimu

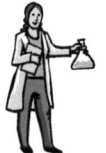

кимёгар

mwanakemia

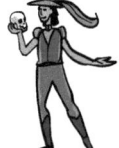

актёр

muigizaji

автобус ҳайдовчиси

dereva wa basi

такси ҳайдовчи

dereva wa teksi

балиқчи

mvuvi

фаррош

mwanamke wa kusafisha

том устаси

mwezekaji

официант

mhudumu

овчи

mwindaji

бўёқчи

mchoraji

нонвой

mwokaji

электр устаси

umeme

қурувчи

mjenzi

муҳандис

mhandisi

қассоб

mchinjaji

сувчи чилангар

fundi bomba

почтачи

mwanaposta

аскар

mwanajeshi

меъмор

msanifu majengo

ғазначи

keshia

гулчи

muuza maua

сарторош

msusi

чиптачи

kondakta

механик

mekanika

капитан

nahodha

тиш шифокори

daktari wa meno

олим

mwanasayansi

яхудийлар руҳонийси

rabbi

имом

imamu

роҳиб

mtawa

руҳоний

kasisi

асбоблар

zana

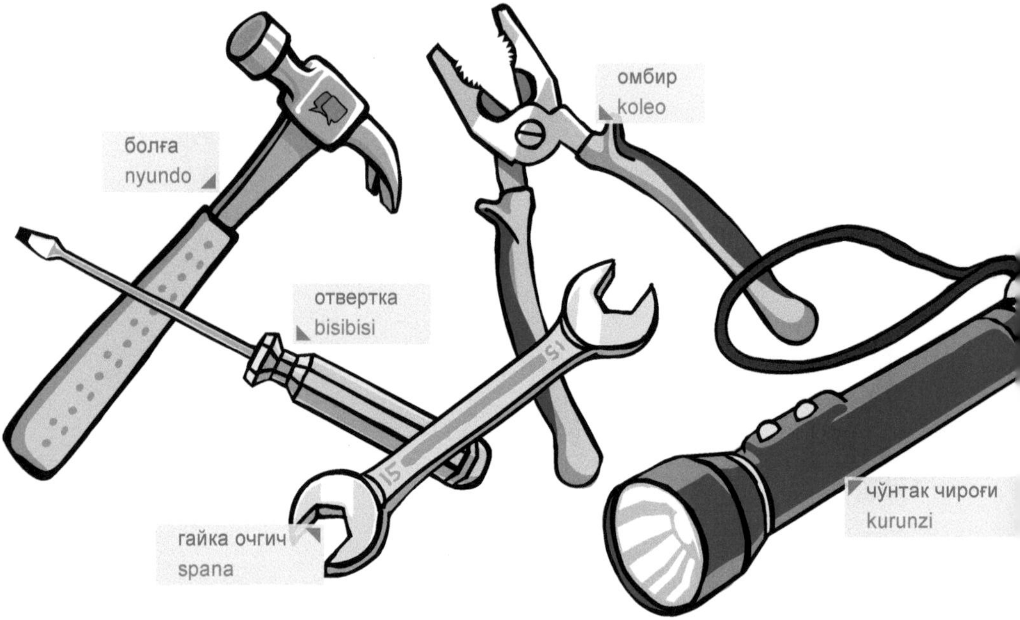
болға
nyundo
омбир
koleo
отвертка
bisibisi
гайка очгич
spana
чўнтак чироғи
kurunzi

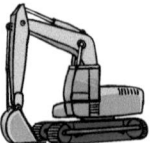

экскаватор

mchimbaji

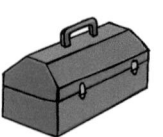

асбоблар қутиси

sanduku la vifaa

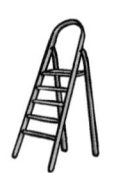

нарвон

ngazi

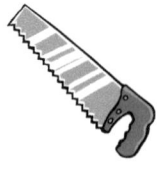

қўларра

msumeno

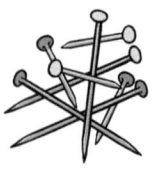

мих

misumari

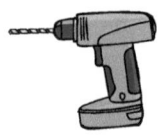

пармадаста

kuchimba visima

тузатмоқ

kukarabati

белкурак

sepetu

Жин урсин!

Lo!

хокандоз

kishikio cha uchafu

бўёқ идиш

chungu cha rangi

бурама мих

skurubu

мусиқа асбоблари
ala za muziki

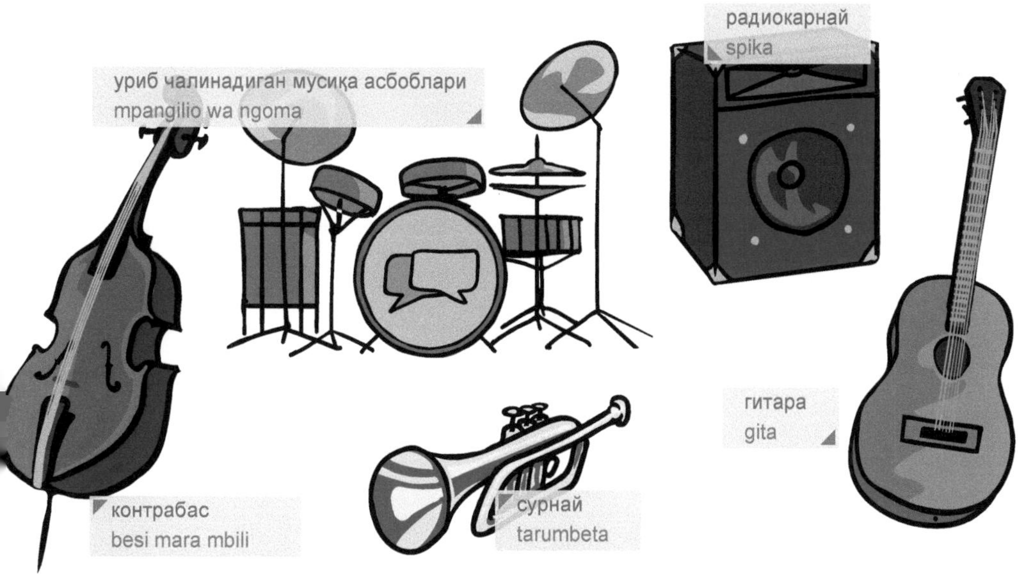

радиокарнай
spika

уриб чалинадиган мусиқа асбоблари
mpangilio wa ngoma

гитара
gita

контрабас
besi mara mbili

сурнай
tarumbeta

пианино

piano

ғижжак

fidla

бас-гитара

ubeji

қўшноғора

timpani

дўмбира

ngoma

клавиатура

kibodi

саксофон

saksafoni

най

filimbi

микрофон

maikrofoni

ҳайвонот боғи

bustani ya wanyama

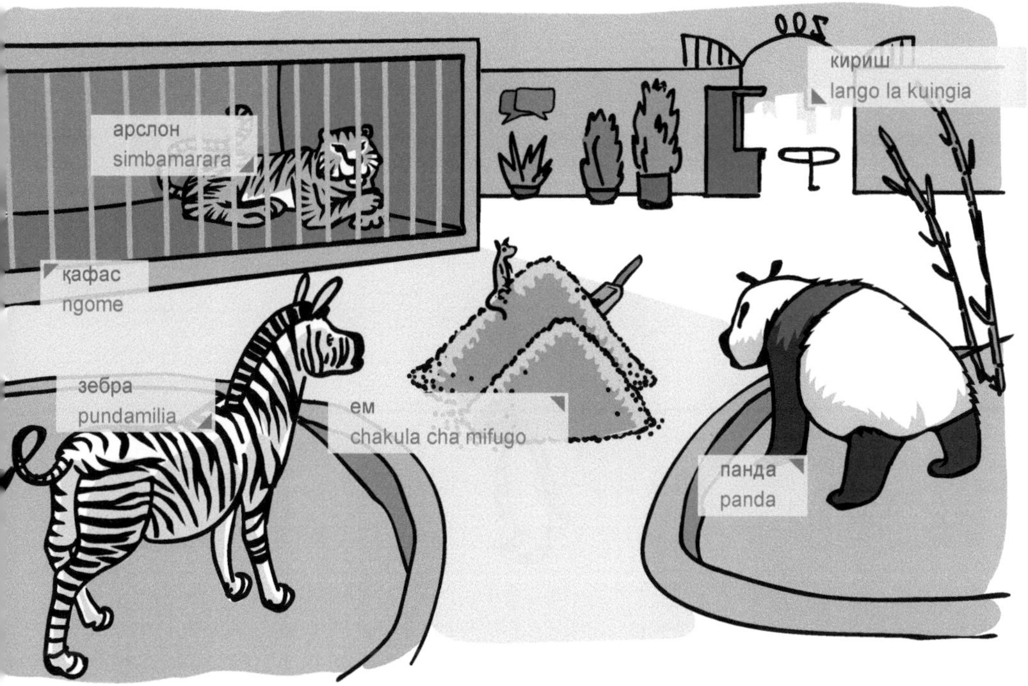
кириш
lango la kuingia
арслон
simbamarara
қафас
ngome
зебра
pundamilia
ем
chakula cha mifugo
панда
panda

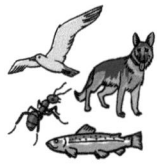

ҳайвонлар

wanyama

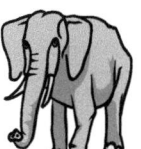

фил

tembo

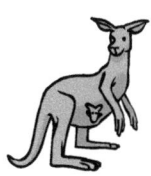

кенгуру

kangaruu

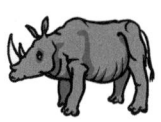

каркидон

kifaru

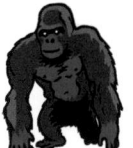

горилла

sokwe

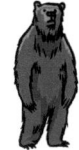

айиқ

dubu

туя

ngamia

туяқуш

mbuni

шер

simba

маймун

tumbili

фламинго

heroe

тӯти

kasuku

оқ айиқ

dubu

пингвин

penguini

акула

papa

товус

tausi

илон

nyoka

тимсоҳ

mamba

ҳайвонот боғи қоровули

mtunza wanyama

тюлень

muhuri

ягуар

jaguar

тўпичоқ от

mwanafarasi

қоплон

chui

бегемот

kiboko

жирафа

twiga

бургут

tai

эркак чўчқа

nguruwe mwitu

балиқ

samaki

тошбақа

kobe

морж

sili

тулки

mbweha

оҳу

paa

америка футболи
soka ya marekani

велосипед ҳайдаш
uendeshaji baiskeli

теннис
tenisi

баскетбол
mpira wa kikapu

сузиш
kuogelea

бокс
ndondi

муз хоккейи
magongo ya barafuni

футбол
soka

бадминтон
vinyoya

енгил атлетика
riadha

қўлтўпи
mpira wa mikono

чанғи учиш
skii

поло
polo

сакрамоқ
kuruka

кучмоқ
kumbatia

кулмоқ
cheka

юрмоқ
kutembea

куйламоқ
kuimba

хаёл қилмоқ
ota ndoto

ибодат қилмоқ
kuomba

ўпмоқ
busu

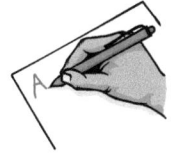

ёзмоқ

kuandika

чизмоқ

kuteka

кўрсатмоқ

angalia

итармоқ

sukuma

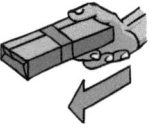

бермоқ

kutoa

олмоқ

kuchukua

эга бўлмоқ

kuwa

бажармоқ

fanya

бўлмоқ

kuwa

турмоқ

kusimama

югурмоқ

kukimbia

тортмоқ

vuta

улоқтирмоқ

kutupa

йиқилмоқ

kuanguka

алдамоқ

hadaa

кутмоқ

kusubiri

ташимоқ

kubeba

ўтирмоқ

kukaa

кийинмоқ

vaa nguo

ухламоқ

usingizi

уйғонмоқ

kuamka

қарамоқ

kuangalia

йиғламоқ

lia

зарба бермоқ

kiharusi

тарамоқ

chana nywele

гаплашмоқ

ongea

тушунмоқ

kuelewa

сўрамоқ

kuuliza

тингламоқ

kusikiliza

ичмоқ

kunywa

емоқ

kula

йиғиштирмоқ

nadhifisha

севмоқ

upendo

пиширмоқ

mpishi

ҳайдамоқ

gari

учмоқ

kuruka

кемада сузмоқ

meli

ҳисобламоқ

kokotoa

ўқимоқ

kusoma

ўрганмоқ

kujifunza

ишламоқ

kazi

турмуш қурмоқ

kuoa

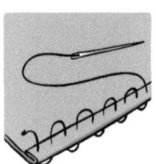

тикмоқ

kushona

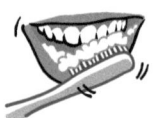

тиш ювмоқ

piga mswaki

ўлдирмоқ

kuua

чекмоқ

moshi

йўлламоқ

kutuma

оила

familia

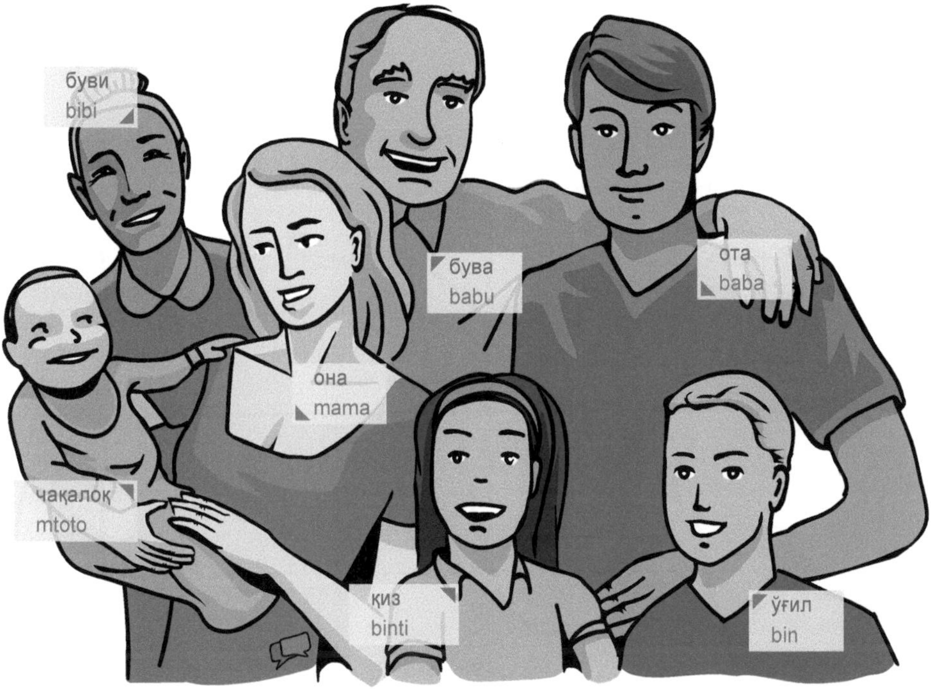
буви
bibi
бува
babu
ота
baba
она
mama
чақалоқ
mtoto
қиз
binti
ўғил
bin

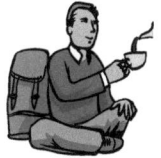

меҳмон

mgeni

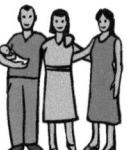

амма

shangazi

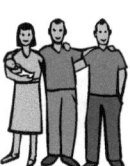

тоға

mjomba

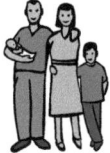

ака

kaka

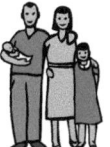

опа

dada

тана

mwili

пешона
paji la uso
кўз
jicho
елка
bega
бармоқ
kidole
юз
uso
ияк
kidevu
қўл панжалари
mkono
оёқ
mguu
кўкрак
matiti
қўл
mkono

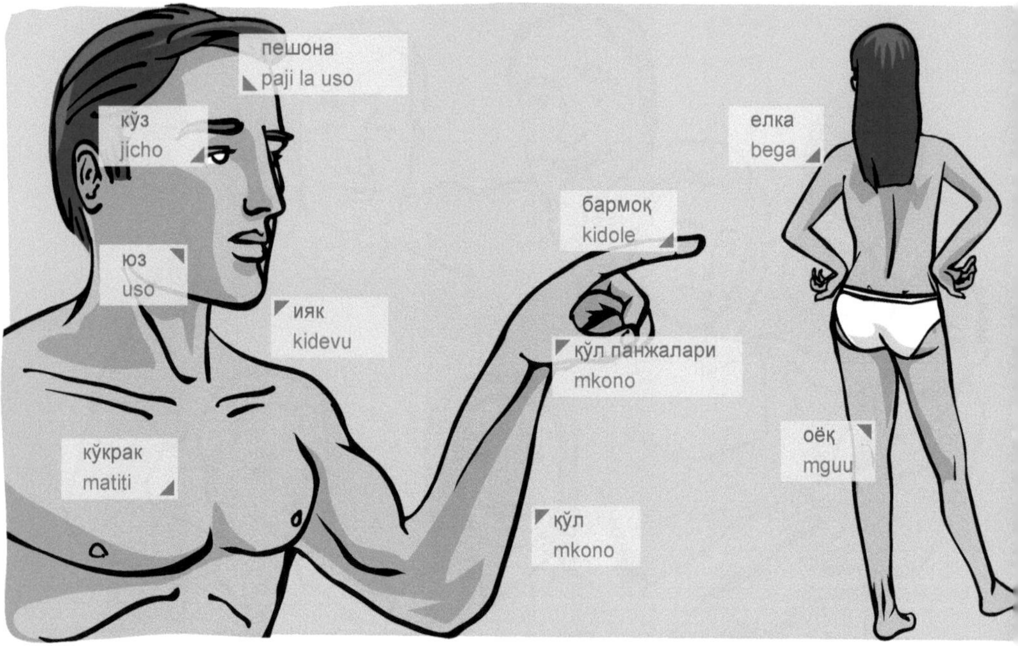

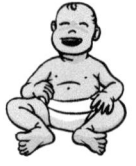

чақалоқ

mtoto

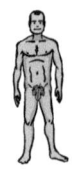

одам

mwanamume

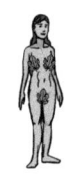

аёл

mwanamke

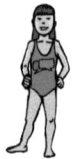

қиз бола

msichana

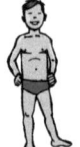

ўғил бола

mvulana

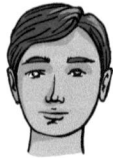

бош

kichwa

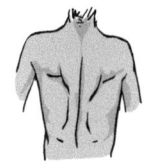

орқа

nyuma

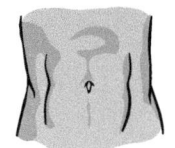

қорин

tumbo

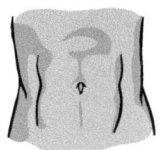

киндик

kitovu

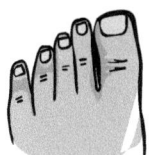

оёқ панжаси

chano

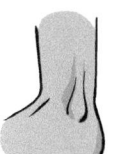

товон

kisigino

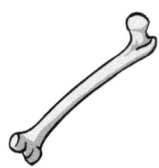

суяк

mfupa

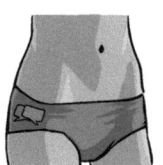

бел

nyonga

тизза

goti

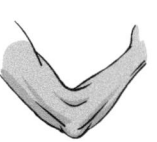

тирсак

kiwiko

бурун

pua

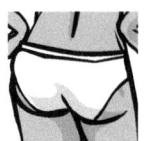

думба

chini

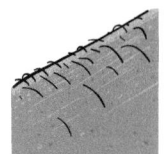

тери

ngozi

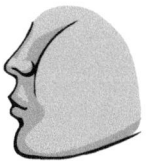

яноқ

shavu

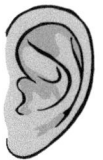

қулоқ

sikio

лаб

mdomo

оғиз

kinywa

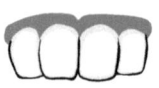

тиш

jino

тил

ulimi

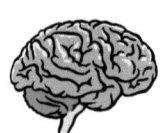

мия

ubongo

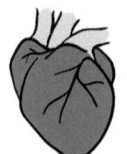

юрак

moyo

мушак

misuli

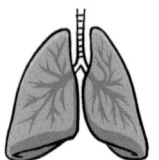

ўпка

pafu

жигар

ini

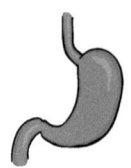

ошқозон

tumbo

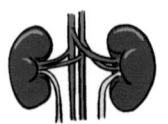

буйрак

figo

жинсий алоқа

jinsia

презерватив

kondomu

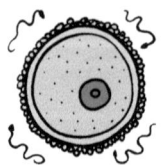

тухум ҳўжайра

ovari

уруғ

shahawa

ҳомиладорлик

mimba

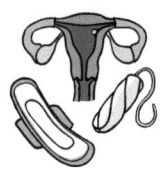

ҳайз

hedhi

бачадон

uke

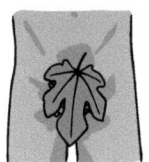

олат

uume

қош

unyusi

соч

nywele

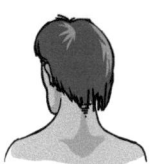

бўйин

shingo

шифохона
hospitali

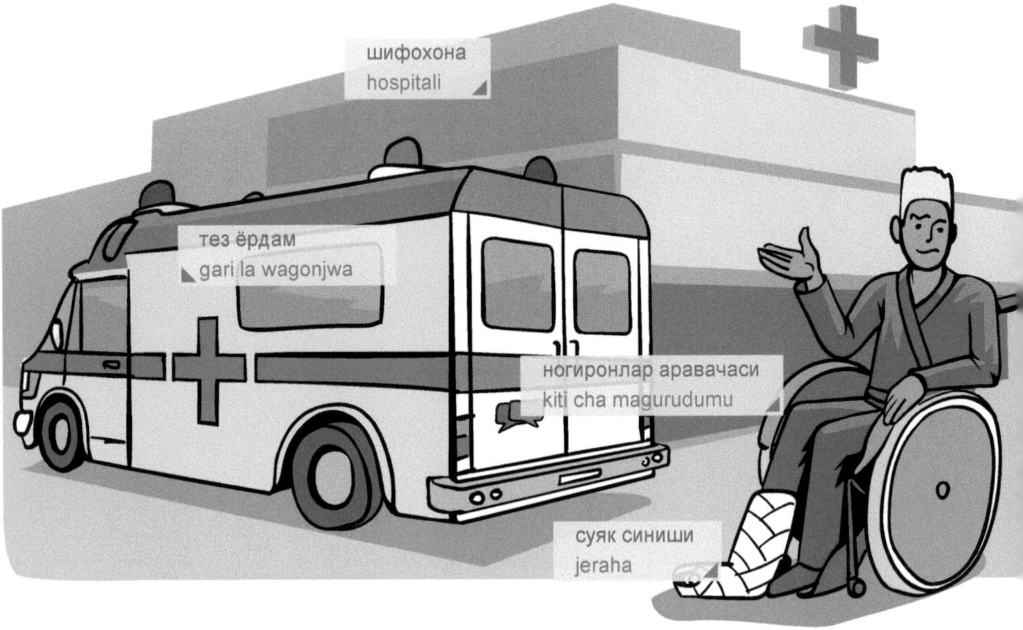

шифохона
hospitali
тез ёрдам
gari la wagonjwa
ногиронлар аравачаси
kiti cha magurudumu
суяк синиши
jeraha

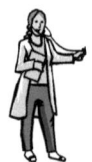

шифокор

daktari

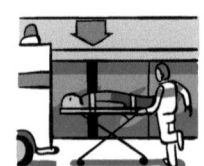

Шошилинч тиббий ёрдам кўрсатиш бўлими

chumba cha dharura

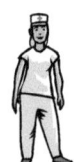

ҳамшира

muuguzi

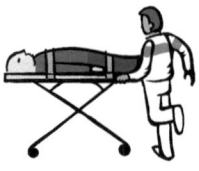

тез ёрдам

dharura

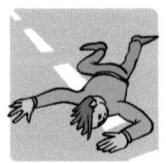

ҳушсизлик

kupoteza fahamu

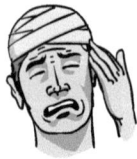

оғриқ

maumivu

жароҳат

kuumia

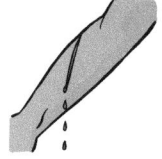

қонаш

kutokwa na damu

юрак хуружи

mshtuko wa moyo

инсульт

kiharusi

аллергия

mzio

йўтал

kikohozi

иситма

homa

тумов

mafua

ич кетиш

kuharisha

бош оғриғи

maumivu ya kichwa

саратон касали

kansa

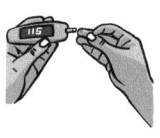

қандли диабет

ugonjwa wa kisukari

жарроҳ

daktari mpasuaji

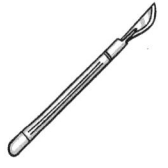

жарроҳ пичоғи

kisu kidogo cha kupasulia

жарроҳлик амалиёти

operesheni

томография

picha changanufu ya mwili

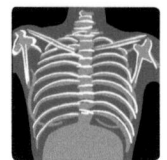

рентген

Eksrei

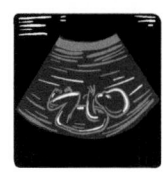

ултратовуш текшируви

mawimbi sauti

юз ниқоби

barakoa ya uso

касаллик

ugonjwa

қабулхона

chumba cha kusubiri

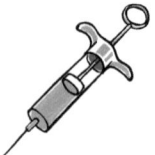

қўлтиқтаёқ

mkongojo

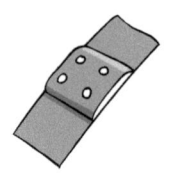

малҳамли пластир

plasta

бинт

bendeji

укол

sindano

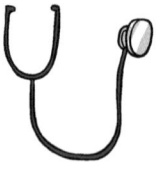

юрак урушини ва ўпкани эшитиб кўрадиган асбоб

stetoskopu

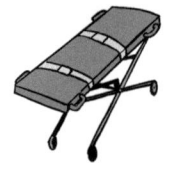

беморлар учун замбил

machela

термометр

kipimajoto cha kliniki

туғруқ

kuzaliwa

семизлик

unene kupita kiasi

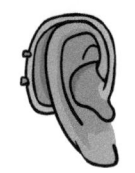

эшитиш мосламаси

kusikia misaada

дезинфекцияловчи восита

kipukusi

инфекция

maambukizi

вирус

virusi

ОИВ / ОИТС

VVU / UKIMWI

дори

dawa

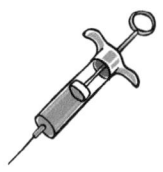

эмлаш

chanjo

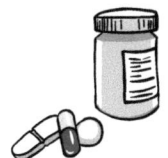

таблетка

vidonge

дори

kidonge

тез ёрдам қўнғироғи

simu ya dharura

қон босимини ўлчаш асбоби

haemodainamometa

касал / соғлом

mgonjwa / mwenye afya

Ёрдам беринглар!

Msaada!

хавф-хатар ишораси

kengele

тажовуз

pigo

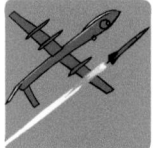

хужум

shambulizi

хавф

hatari

фавкулодда ҳолатларда чиқиш эшиги

lango la dharura

Ёнғин!

Moto!

ўт ўчиргич

kizima moto

фалокат

ajali

биринчи тиббий ёрдам тўплами

vifaa vya huduma ya kwanza

фалокат сигнали

wito wa msaada

полиция

polisi

Европа

Ulaya

Шимолий Америка

Amerika ya Kaskazini

Жанубий Америка

Amerika ya Kusini

Африка

Afrika

Осиё

Asia

Австралия

Australia

Атлантик океани

Atlantiki

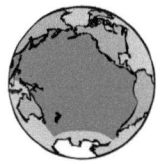

Тинч океани

Pasifiki

Ҳинд океани

Bahari ya Hindi

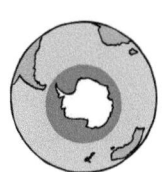

Антарктида океани

Bahari ya Antaktiki

Арктика океани

Bahari ya Aktiki

Шимолий қутб

Ncha ya Kaskazini

Жанубий қутб

Ncha ya Kusini

Антарктика

Antaktika

Ер

dunia

ўлка

nchi

денгиз

bahari

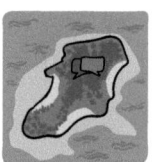

орол

kisiwa

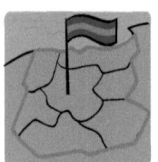

миллат

taifa

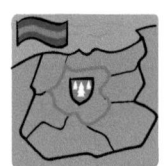

давлат

jimbo

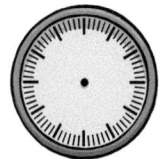

астрономик вақт
кўрсатгичи

uso wa saa

соат мили

akrabu ya saa

дақиқа мили

akrabu ya dakika

сония мили

akrabu ya sekunde

Соат неча?

Ni saa ngapi?

кун

siku

вақт

wakati

ҳозир

sasa

рақамли соат

saa ya dijitali

дақиқа

dakika

соат

saa

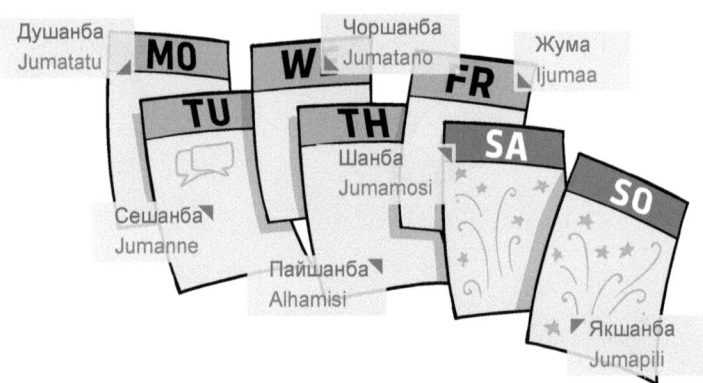

Душанба — Jumatatu — MO
Чоршанба — Jumatano — W
Жума — Ijumaa — FR
TU
TH
FR
Шанба — Jumamosi — SA
Сешанба — Jumanne
SO
Пайшанба — Alhamisi
Якшанба — Jumapili

кеча

jana

бугун

leo

эртага

kesho

эрталаб

asubuhi

пешин

saa sita mchana

кечқурун

jioni

иш кунлари

siku za biashara

дам олиш кунлари

mwishoni mwa wiki

йил

mwaka

ёмғир
mvua
камалак
upinde wa mvua
қор
theluji
шамол гене
upepo
баҳор
majira ya machipuko
куз
vuli
ёз
kiangazi
қиш
majira ya baridi

4.APRIL 11°
5.APRIL 4°
6.APRIL 13°
7.APRIL 8°
8.APRIL 10°

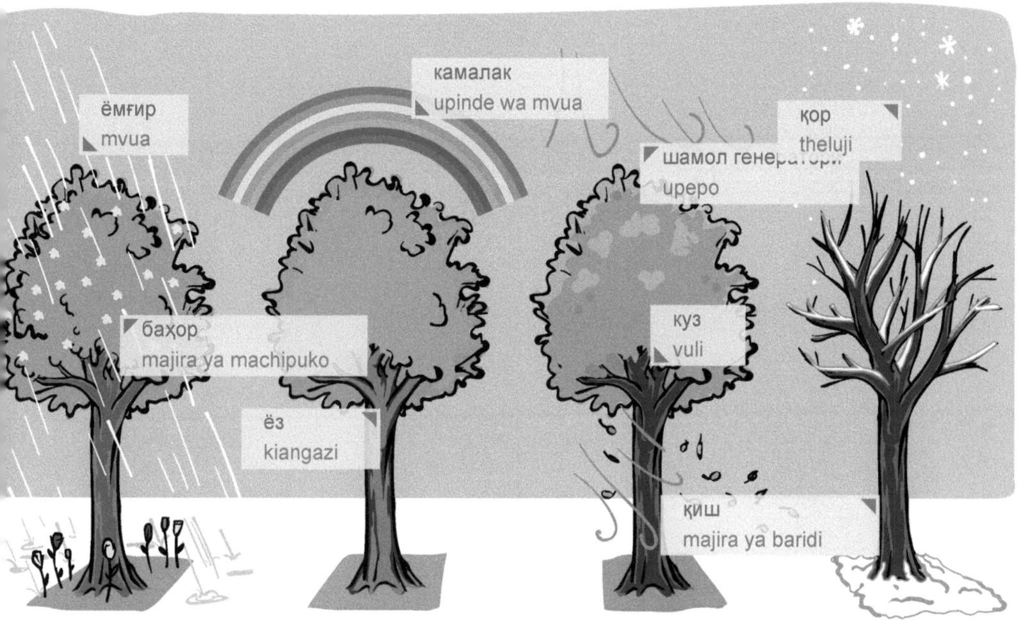

об-ҳаво маълумоти

utabiri wa hali ya hewa

F C
120 40
90 30
60 20
30 10
0 0
-30 -10
-20

термометр

kipimajoto

қуёшли

mwanga wa jua

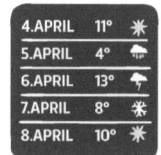

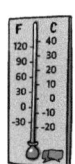

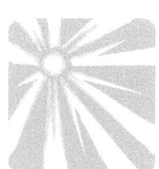

булут

wingu

туман

ukungu

намгарчилик

unyevu

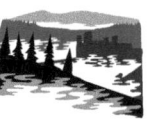

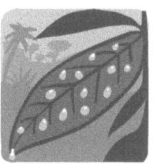

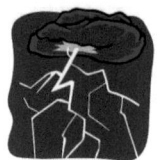

чақмоқ

umeme

момоқалдироқ

radi

бўрон

dhoruba

дўл

mvua ya mawe

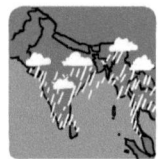

намгарчилик мавсуми

monsuni

тошқин

mafuriko

муз

barafu

Январь

Januari

Февраль

Februari

Март

Machi

Апрель

Aprili

Май

Mei

Июнь

Juni

Июль

Julai

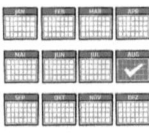

Август

Agosti

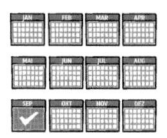

Сентябрь

Septemba

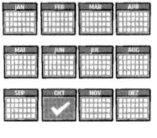

Октябрь

Oktoba

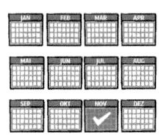

Ноябрь

Novemba

Декабрь

Desemba

шакллар
maumbo

айлана

mduara

квадрат

mraba

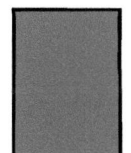

тўртбурчак

mstatili

учбурчак

pembetatu

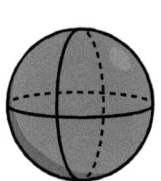

доира

nyanja

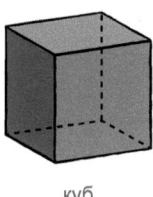

куб

mchemraba

оқ

nyeupe

сариқ

manjano

сабзи ранг

chungwa

пушти

rangi ya waridi

қизил

nyekundu

тўқ қизил

hudhurungi

кўк

bluu

яшил

kijani

жигар ранг

hanja

кул ранг

jivujivu

қора

nyeusi

кўп / оз

mengi / kidogo

ғазабли / хотиржам

hasira / pole

гўзал / хунук

nzuri / mbaya

боши / охири

mwanzo / mwisho

катта / кичик

kubwa / ndogo

ёруғ / қоронғу

angavu / giza

ака / сингил

kaka / dada

тоза / ифлос

safi / chafu

тўлиқ / чала

kamilika / tokamilika

кун / тун

siku / usiku

ўлик / тирик

wafu / hai

кенг / тор

pana / nyembamba

еса бўладиган / еса
бўлмайдиган
kulika / kutolika

ёвуз / хайрли
ovu / ema

ҳаяжонли / зерикарли
sisimkwa / udhika

семиз / озғин
nene / nyembamba

биринчи / охирги
kwanza / mwisho

дўст / душман
rafiki / adui

тўла / бўш
jaa / tupu

қаттиқ / юмшоқ
ngumu / laini

оғир / енгил
nzito / nyepesi

очлик / чанқов
njaa / kiu

касал / соғлом
mgonjwa / mwenye afya

ноқонуний / қонуний
haramu / kisheria

зиёли / калтафаҳм
akili / kijinga

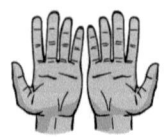

чап / ўнг
kushoto / kulia

яқин / узоқ
karibu / mbali

янги / ишлатилган

mpya / kutumika

ҳеч нарса / бир нарса

kitu / jambo

қари / ёш

zee / changa

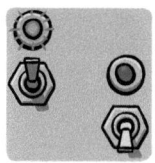

ёниқ / ўчиқ

waka / zima

очиқ / ёпиқ

wazi / fungwa

паст / баланд

utulivu / kelele

бой / камбағал

tajiri / masikini

тўғри / нотўғри

sahihi / kosa

нотекис / текис

mbaya / laini

хафа / хурсанд

huzunika / furahia

қисқа / узун

fupi /ndefu

секин / тез

polepole / haraka

нам / қуруқ

nyevu / kavu

илиқ / салқин

joto / baridi

уруш / тинчлик

vita / amani

0	**1**	**2**
ноль	бир	икки
sufuri	moja	mbili

3	**4**	**5**
уч	тўрт	беш
tatu	nne	tano

6	**7**	**8**
олти	етти	саккиз
sita	saba	nane

9	**10**	**11**
тўққиз	ўн	ўн бир
tisa	kumi	kumi na moja

12

ўн икки

kumi na mbili

13

ўн уч

kumi na tatu

14

ўн тўрт

kumi na nne

15

ўн беш

kumi na tano

16

ўн олти

kumi na sita

17

ўн етти

kumi na saba

18

ўн саккиз

kumi na nane

19

ўн тўққиз

kumi na tisa

20

йигирма

ishirini

100

юз

mia

1.000

минг

elfu

1.000.000

миллион

milioni

Инглиз

Kiingereza

Америкача инглиз тили

Kiingereza cha Marekani

Хитой тилининг Мандарин лаҳчаси

Kimandarini cha Uchina

Ҳинд

Kihindi

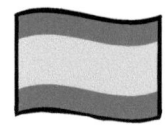

Испан

Kihispania

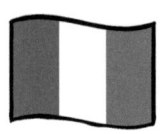

Француз

Kifaransa

Араб

Kiarabu

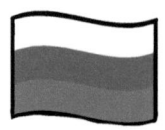

Рус

Kirusi

Португал

Kireno

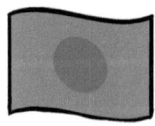

Бенгал

Kibengali

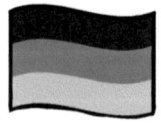

Немис

Kijerumani

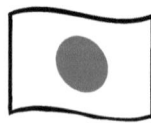

Япон

Kijapani

Мен

mimi

Сен

wewe

у / у / у

yeye / yeye / ni

биз

sisi

сизлар

wewe

улар

wao

ким?

nani?

нима?

nini?

қандай?

jinsi gani?

қаерда?

wapi?

қачон?

lini?

исм

jina

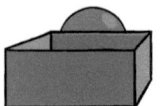

орқада

nyuma

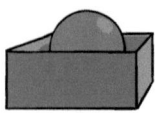

ичида

katika

олдида

mbele ya

узра

juu ya

устида

kwenye

тагида

chini ya

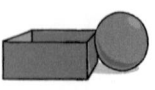

ёнида

kando

ўртасида

kati

жой

mahali